PÉRILS DE LA SITUATION.

AU PEUPLE FRANÇAIS

AVERTISSEMENT SALUTAIRE

PAR DEUX AMIS DE LA CONSTITUTION

ET

DU SUFFRAGE UNIVERSEL.

Prix : 10 Centimes.

PARIS,

GARNIER FRÈRES ÉDITEURS,

PALAIS-NATIONAL, GALERIE D'ORLÉANS.

1850

PÉRILS DE LA SITUATION,

Au Peuple Français

SALUTAIRE AVERTISSEMENT.

Liberté, Égalité, Fraternité.

Nous assistons depuis quelque temps à un déplorable et singulier spectacle.

D'un côté, les barrières se sont abaissées entre des partis, hier encore divisés, au fond toujours hostiles.

De l'autre, la société s'est partagée en deux camps nettement tranchés, menaçants d'attitude et prêts à tout événement.

Chacun des camps a son mot d'ordre, ses chefs, son drapeau ; et, comme il arrive en pareille circonstance, les opinions, les hommes et les couleurs extrêmes servent des deux parts de point de ralliement.

Des élections viennent d'avoir lieu, coup sur coup ; les candidats, également imposés et subis, exprimaient non l'opinion de chacun, mais la haine de tous. Ils n'étaient point un programme, mais une déclaration d'hostilité.

Il y a quelque chose de plus fâcheux, de plus terrible, peut-être. Plaçant au-dessus des règles de justice la brutale nécessité des circonstances, les partis ont échangé leur rôle. Ceux qui se réclamaient de la loi et des majorités mettent sous les pieds jusqu'au pacte social dont ils tiennent leurs droits ; ceux que la veille on accusait de vouloir la briser, se portent les défenseurs de la constitution. Là, l'appel fatal à la force ; ici, nous ne savons quel retour surprenant vers la légalité, partout un sentiment de haine, sourde ou manifeste, qui éloigne les cœurs sympathiques, attriste et désespère les amis de la paix !

Le péril est grand et pressant ; il est du droit et du devoir de tout citoyen de le signaler. Et, s'il le peut, d'instruire après avoir averti.

Qu'on y songe ! Deux abîmes sont ouverts ; dans l'un, nous apercevons le vieux despotisme avec son ordinaire escorte de priviléges et d'abus, d'oppresseurs et d'opprimés ; dans l'autre, appelée du nom séduisant de république des égaux, la servitude gagnant sous le bâton sa pitance quotidienne.

———

Des fous, voyant sur l'horizon se lever le soleil de février, ont dit : au delà, il n'est que fantômes ; et se frappant le front : nos songes sont la réalité.

Des fous, d'une autre sorte, effrayés du mouvement qui se faisait autour d'eux et ne découvrant que précipices dans l'avenir, nous ont arrêtés avec terreur, s'écriant : Si le monde ne recule, tout est perdu !

Pendant que les uns évoquaient avec enthousiasme les rêves de leur cerveau, les autres s'attachaient avec effroi à leurs souvenirs.

Il faut aller au danger le plus voisin ; quand le socialisme était menaçant, nous l'avons combattu ;

la république et l'avenir sont en danger, l'heure est venue de les défendre.

Le jour où la France s'est constituée en République, elle a voulu deux choses : l'ordre dans la Liberté, l'Egalité dans la justice.

De là deux séries de dispositions dans le pacte fondamental, ayant pour but, celles-ci, la protection des intérêts et des personnes, les autres, l'avancement social.

L'inviolabilité du domicile et de la propriété des citoyens, l'ordre naturel des juridictions et la loi semblable pour tous, le droit inaliénable de chacun de participer par ses représentants à la confection des lois et dans une certaine mesure à l'exercice du pouvoir, l'égale admissibilité aux emplois publics, la proportionnalité des impôts établis pour l'utilité commune, sont au premier rang des garanties.

Les voies ouvertes au progrès sont : la gratuité de l'enseignement, l'éducation professionnelle, les institutions de prévoyance et de crédit, le droit de pétition et d'association, le droit de publier sa pensée.

Citoyens revêtus de l'autorité publique, Représentants appelés à agir dans les termes de la Constitution et sous l'inspiration de son esprit, voilà ce qui s'imposait à votre respect et devait diriger votre initiative.

Cependant qu'avez-vous fait?

Des départements, des régions entières mis en état de siége et livrés dans les personnes et les biens au bon plaisir d'une inquisition de tous les instants;

Des milliers de citoyens privés de juges au jour du péril, et qui, le danger passé, en attendent encore;

Aucune loi sur l'avancement et l'entrée dans les fonctions publiques;

L'impôt de consommation maintenu contre le travail au profit de la richesse;

Une part importante de l'argent du pays toujours appliquée à des dépenses improductives;

Paris mis hors la loi des élections municipales et départementales, exclu dans la personne de ses citoyens du grand jury national;

La gratuité de l'enseignement et l'éducation professionnelle considérées comme de vains mots;

Le crédit ruiné et non organisé;

Le droit de pétition réglementé;

Les lieux de réunion fermés;

Les associations défendues;

Les associations électorales mises sous le contrôle de la police;

La main de ses agents placée entre la pensée et le lecteur, entre l'écrivain et le public;

Telle a été votre œuvre jusqu'à présent.

Elle ne suffit pas à votre gloire; les lauriers des Polignac et des Guizot vous empêchent de dormir.

Une commission choisie parmi les plus beaux noms royalistes que renferme l'Assemblée législatives vient de recevoir la mission de sauver la République.

Quel est donc l'ennemi qui la menace? Les vaisseaux anglais se seraient-ils montrés en vue de nos ports? Les Russes campent-ils sur nos frontières? Votre courage patriotique ne s'alarmerait pas pour si peu. Quoi donc! en pleine paix, avec un ordre admirable, des masses d'hommes, usant de leur droit civique, ont jeté dans l'urne électorale des noms qui vous ont déplu?

Une si petite cause explique mal un si grand effroi. Elle ne saurait surtout justifier les desseins qu'elle a fait naître.

Eh quoi! pour vous venger du scrutin qui condamne votre politique, vous ne vous proposez rien moins que de détruire la République démocratique dans son principe, le suffrage universel?

Vous priveriez trois millions d'électeurs du droit de voter ; vous banniriez trois millions de Français de la cité politique?

Sous le prétexte d'une détermination nouvelle des conditions de domicile aggravées par vous, vous rétabliriez le cens contre le texte formel de la Constitution, et vous vous prévaudriez du paragraphe 1er de l'art. 27 pour ranger l'indigence au nombre des causes d'indignité électorale? Voici les termes de la constitution, puisqu'il faut vous les rappeler :

« Art. 24. Le suffrage est direct et universel.

« Art. 25. Sont électeurs, *sans condition de cens*, tous les Français âgés de 21 ans, et jouissant de leurs droits civils et politiques.

« Art. 26. Sont éligibles, sans condition de domicile, tous les électeurs âgés de 25 ans.

« Art. 27. La loi électorale déterminera les causes qui peuvent priver un citoyen français des droits d'élire et d'être élu.

« Elle désignera les citoyens qui exerçant ou ayant

exercé des fonctions, dans un département ou un ressort territorial, ne pourront y être élus. »

Ainsi, vous le voyez, tout Français est électeur et éligible en cette seule qualité.

Il ne peut être privé de son droit d'élire et d'être élu que pour des causes déterminées par la loi électorale, causes d'indignité, d'incompatibilité et de défaut de domicile.

La pauvreté n'est frappée d'aucune exclusion. Le législateur a pensé avec juste raison que le laboureur dont la sueur féconde la terre, l'ouvrier dont l'industrie enrichit le pays, le soldat dont le sang appartient à la défense de la patrie, payaient le meilleur des impôts et que toute condition de cens serait ici immorale.

L'impôt d'ailleurs a des formes diverses. Il atteint le riche dans ses propriétés, le manufacturier et le commerçant dans leur industrie, le simple travailleur dans l'air qu'il respire, le vin qu'il boit, les aliments dont il se nourrit, les vêtements qui le couvrent.

La loi qui ferait dépendre le domicile du paiement d'une cote personnelle ou mobilière, contraire aux dispositions de la Constitution et de la loi électorale, au sens qui jusqu'ici leur a été donné en théorie et en application, serait en même temps un outrage à la raison et à la justice, la mise hors la loi de la démocratie, par interprétation arbitraire et tardive d'un texte inflexible dans sa lettre et dans son esprit.

Coupable à tant d'égards, un pareil projet est en outre une folie. On s'exposerait, pour des bénéfices impossibles, à des périls formidables.

Dans sa double lutte contre les passions et contre le droit, le pouvoir périrait misérablement; la colère doublerait la force de ses ennemis, et ses alliés d'aujourd'hui, sentant le terrain manquer sous leurs pieds, seraient bientôt hésitants ou transfuges, selon qu'ils écouteraient leur conscience ou leurs craintes.

Ils ne savent pas, ceux qui méditent de tels complots, ce que les générations nouvellement nées à la souveraineté ont puisé d'orgueil dans leur élévation, et combien les unes se sentent solidaires des autres. Ils ignorent qu'un droit n'est jamais ravi, s'il n'est auparavant abandonné; et que si le suffrage universel doit périr, ce qu'à Dieu ne plaise, c'est qu'il se sera tué lui-même.

Mais supposons pour un instant, ce que nous ne pouvons croire, que les électeurs issus de la révolution de Février se laissent décimer, qu'ils restent impassibles devant la spolation dont ils sont menacés, que les ouvriers, que l'armée livrent bénévolement leurs droits, que le coup d'État réussisse; qu'arrivera-t-il ?

Évidemment, le lendemain de la victoire, les vainqueurs se diviseront. Unis dans leur terreur commune, l'espérance les rendra à leurs opinions diverses.

Dans ce pays bouleversé par des révolutions successives, à côté du drapeau de la république se dressent trois drapeaux. La légitimité compte ses fidèles, l'empire ses enthousiastes, l'établissement de Juillet ses partisans.

Si la lutte était entre deux principes, l'hérédité monarchique et la souveraineté populaire, le triomphe pourrait avoir des suites sérieuses.

Que les hommes de bonne foi y réfléchissent! le jour où la royauté de droit divin a péri en France dans la personne de Louis XVI, le jour où la foi du peuple s'est séparée d'elle, ce jour-là, il n'y a plus eu qu'un principe de droit, la république ou le gouvernement de tous par tous.

Des excès ou des malheurs peuvent pour un moment la faire disparaître, amener la dictature d'un homme, le règne passager d'une vieille race, une alliance transitoire entre le peuple maître et une royauté subordonnée : tout cela n'est que momentané, sans conséquence. C'est l'éclipse de la souveraineté de droit sous une souveraineté de fait.

Les souvenirs, les intérêts doivent en prendre leur parti ; il n'est plus que deux gouvernements possibles : des dictatures de hasard, des pouvoirs surgis d'une commotion et qu'une autre commotion emporte ; ou la démocratie faisant ses affaires elle-même, fière de sa force, assurée dans son droit.

Membres de la commission nommée pour la réforme de la loi électorale, voyez déjà ce que pense de votre projet un publiciste dont la parole est retentissante. « Tout l'indique, tout le démontre, si c'était « une réforme, et si ce n'était pas un défi, le minis- « tère, afin d'échapper à tout reproche de provoca- « tion, eût attendu, pour procéder à la révision de la « loi électorale, une circonstance plus oppor- « tune (1). »

Et ces réflexions, convenons-en, semblent confirmées par le ton provocateur de la presse dite *conservatrice*.

Ici, il est question de transférer le gouvernement

---

(1) Voyez la *Presse* du 4 mai courant.

dans une ville de province, de placer Paris sous la surveillance de la gendarmerie, et dans l'enceinte de bronze de ses forts détachés. Là, comme acheminement vers l'empire, on parle d'une prorogation de pouvoirs, qui rappelle le consulat décennal et dont le vœu seul est inconstitutionnel. Dans un journal hebdomadaire, qui passe pour recevoir ses inspirations de haut, on détaille, avec une complaisance significative, les mesures qui préludèrent à la fin de l'ancienne république.

La violence est une pauvre ressource en tout temps, elle n'a jamais prévalu contre les espérances d'une nation. Les dompteurs heureux des révolutions populaires n'auraient jamais réussi si, réprimant les excès, ils n'avaient satisfait aux vœux légitimes. C'est ainsi que Henri IV donnait aux Calvinistes l'édit de Nantes, et embrassait la religion des ligueurs. C'est ainsi que Louis XIV, victorieux de la Fronde, faisait plus pour l'avancement de la bourgeoisie, que les parlementaires ses chefs n'avaient osé concevoir. C'est ainsi que Napoléon, maître d'une révolution lassée, fondait son propre empire sur la garantie des conquêtes révolutionnaires.

Ministres et représentants de la République de février, que l'histoire vous serve de leçon. Tout grand mouvement qui se fait au sein d'un grand peuple, au milieu de quelques erreurs contient des vérités fécondes. Sachez les discerner, élevez-les à la hauteur d'institutions, faites-leur place dans nos codes, ce sera le meilleur moyen de vaincre le fantôme du socialisme qui assiége vos jours et vos nuits, de fonder un ordre stable et pacifique au milieu de cette société inquiète et tourmentée.

Depuis les temps parlementaires, les gouvernements en France ont eu le tort et le malheur d'être l'organe des passions d'un parti, au lieu d'être l'expression de l'opinion publique; prenant pour des réalités les fictions constitutionnelles, la majorité représentative leur a caché le pays souverain ; où il faut céder à propos, ils ont fatalement résisté, et les réformes qu'il n'ont pas voulu faire d'eux-mêmes, les révolutions ont été chargées de les faire contre eux.

Celle de février a écrit son programme dans la Constitution, ce programme est une obligation pour le pouvoir et une mise en demeure.

Qu'a-t-on fait pour le remplir et pour prévenir de nouvelles secousses?

La Constitution promettait des mesures de liberté, nous avons eu des mesures de répression.

Elle promettait d'assurer une répartition de plus

en plus équitable des charges et des avantages de la société, notre système d'impôt est resté le même ; c'est l'arche sainte à laquelle il ne faut pas toucher.

Elle promettait de faire parvenir tous les citoyens, par l'action successive et constante des institutions et des lois, à un degré toujours plus élevé de moralité, de lumières et de bien-être ; la gratuité de l'instruction primaire a été refusée, et toute proposition ayant pour objet de faire monter les classes inférieures rejetée comme entachée de Socialisme.

C'est dans cet esprit que la loi de l'enseignement a été faite et votée ;

Que l'impôt sur les boissons a été rétabli ;

Que l'impôt sur le capital et l'impôt sur le revenu ont été repoussés sans examen ;

Que la large et féconde idée de l'état se tranformant en une vaste société d'assurance mutuelle a été dédaignée ;

C'est ainsi que les projets ayant pour but l'établissement du crédit, la vivification du travail, la prévoyance et le soulagement, se sont trouvés de jour en jour retardés pour faire place aux lois de compression et de pénalité.

Les dernières élections ont montré le résultat de
ce système de conduite ; est-ce le moment d'y per-
sister? Nous le demandons aux personnes raisonna-
bles.

La règle à suivre, aujourd'hui comme toujours, a
été indiquée, il y a deux siècles, par la voix impo-
sante d'un homme d'état fameux, du ministre Colbert : « Il sera bien nécessaire... de rendre difficiles
toutes les conditions des hommes qui tendent à se
soustraire au travail qui va au bien général de tout
l'Etat..., et de faciliter et rendre honorables et avan-
tageuses, autant qu'il se pourra, toutes les conditions des hommes qui tendent au bien public (1). »

A cette époque la bourgeoisie, ainsi qu'aujourd'hui
le peuple, vivait de son travail personnel, les classes
privilégiées du mérite de leurs ancêtres. Colbert
intervenait en novateur hardi, et les nobles entichés
de leurs prérogatives l'eussent volontiers, par la
plume de Saint-Simon, *un réactionnaire à outrance*
de ce temps là, flétri du nom de *socialiste*, si le mot
eût été connu.

L'œuvre entreprise sous la monarchie doit être

____

(1) Discours prononcé le 15 octobre 1665 ; *Revue rétro-
spective*, 2ᵉ série, t. IV, p. 257 et suiv.

continuée sous la république; et ce que commença la raison d'état éclairée, le principe démocratique de l'égalité de droit doit en hâter l'achèvement.

Il faut que, par l'action combinée de l'œuvre individuelle et des mesures sociales, l'activité soit de plus en plus récompensée, la paresse de plus en plus frappée; que, par la diminution progressive et la progressive augmentation de la rétribution du labeur, le travail, source de la propriété, arrive peu à peu à se confondre avec elle.

Voilà le principe incontestable, l'indomptable loi de l'époque. Le pouvoir doit en inspirer ses actes; à ce prix, il sera soutenu, il sera ferme et populaire.

Nous nous bornerons ici à recommander au ministère et à l'Assemblée législative deux mesures; mais elles sont urgentes et fondamentales.

Le progrès seul de la société a développé dans son sein deux puissants éléments de trouble et deux germes féconds à la fois : le jeune homme instruit, à qui la société libérale ferme ses portes ; les travailleurs habiles et actifs, dont les efforts tombent faute d'emploi ou désespérés par une insuffisante rémunération.

Il ne tient qu'à vous d'en faire des instruments de

perte ou de salut, de destruction ou de vie.

Que les voies du crédit s'ouvrent abondantes sur tous les points du pays, qu'elles aident au développement de l'industrie et du commerce, que la propriété puisse y puiser pour se libérer de sa dette, et le travail pour s'affranchir de l'usure. Colbert abaissait d'autorité le taux de l'intérêt du denier 12 au denier 20; ce fut une des causes de la prospérité de la France sous sa florissante administration.

L'art. 10 de la Constitution dispose que tous les citoyens seront également admissibles à tous les emplois publics, sans autre motif de préférence que leur mérite. Que cet article ne reste pas une lettre morte. Que, selon la convenance, un examen en forme ou un titre certain ouvrent la voie des fonctions publiques, et que l'avancement, déterminé par des conditions de temps, n'admette d'autres exceptions à la règle qu'un service éclatant. Osez suivre, dans un siècle de démocratie, l'exemple qui vous fut donné par Louvois, ministre aussi de Louis XIV, créateur de *l'ordre du tableau* pour les officiers de l'armée, de sang noble ou plébéien.

Et croyez bien que, par ces mesures et d'autres semblables, vous aurez plus fait pour la paix que vos ennemis ne peuvent faire pour la guerre. Étendre le cercle de la richesse, rallier autour de soi les forces vives d'une nation sera toujours l'art des grands et stables gouvernements. Tout ce qu'on donne à l'avide oisiveté est donné en pure perte ; tout ce qu'on accorde au travail fructifie et profite ; les faveurs vous valent mille ennemis et pas un soutien ; distinguer et préférer le mérite est le moyen de conjurer mille dangers en s'aidant d'appuis solides.

Une société démocratique n'est point régie par les mêmes lois que les sociétés d'un ordre différent. Dans la monarchie aristocratique, la naissance et la faveur du monarque distribuent les hommes et les emplois ; chacun a sa destinée tracée d'avance. Là, se trouve le frein des ambitions et la digue des bouleversements. Dans la société démocratique, chacun pouvant prétendre à tout, la justice doit jouer le rôle rempli ailleurs par le hasard de l'origine et la bienveillance du prince. Il faut, pour mettre un terme aux révolutions, pour poser une barrière infranchissable aux appétits et à l'orgueil, que nul ne puisse imputer ses disgrâces qu'à lui-même.

———

Le moment est solennel pour le pouvoir et pour la France ; une heure peut nous engager de nouveau dans la voie terrible des révolutions, une heure peut raffermir nos destins. Tout dépend d'une décision.

Il s'agit de savoir si, dans ce pays déjà trop habitué aux révoltes, on verra encore une fois le législateur s'insurger contre la loi et le pacte fondamental violé par ceux qui tiennent tout de lui, droits et puissance;

Ou si, reculant devant une pareille extrémité, nous chercherons notre salut non dans la violence mais dans le respect religieux de la Constitution, mortelle à ceux-là seulement, qu'on le sache bien, qui ne savent pas vivre avec elle et par elle.

Rétablir, d'une façon ouverte ou détournée, le cens électoral, c'est l'attaquer directement ; et c'est une infraction indirecte à ses dispositions que de ne se hâter pas d'en tenir toutes les promesses.

Respect donc à la Constitution jusqu'au jour de sa révision légale, elle est la barrière unique entre la révolution et la République; adoption franche des principes démocratiques par leur consécration immédiate, il n'est pas d'autre remède aux maux du Socialisme.

A voir la France, telle que depuis quelque temps on l'a faite, on la croirait fatalement vouée aux abîmes. Là, le dédain des faits et de l'expérience, le mépris des droits acquis, l'ignorance profonde de la nature humaine et des plus simples conditions de l'ordre social, l'utopie sans frein ni limite; ici, la négation systématique du progrès, la froideur de l'égoïsme satisfait ou les terreurs de l'esprit prévenu, le retour en arrière, aveugle et violent. Au dehors, ce calme inquiet qui précède les orages, dans les âmes ce sourd grondement des colères secrètes, avant-coureur certain des tempêtes.

Le pays heureusement n'est pas ce qu'il paraîtrait à des observateurs superficiels. Ami de l'ordre et de la paix, il ne se livrerait que contraint et forcé à de nouvelles et dangereuses épreuves dont nul ne peut prévoir l'issue et déterminer la fin. Se méfiant à juste titre des prometteurs d'humaine félicité, ce n'est qu'en désespoir de cause qu'il remettrait son sort entre les mains de ces empiriques.

On accuse le peuple d'être partageur, communiste, reproches qui s'excluent; on accuse cette nation de vouloir détruire la religion, la famille et la propriété, prêtant à la masse honnête et sensée les rêves ridicules et criminels de quelques sectaires.

Ce qu'il y a de vrai, c'est que la France continue à vouloir le but qu'elle a poursuivi, sans se lasser, dans tous les siècles de son existence : le rapprochement toujours plus grand des classes d'hommes, la justice distributive de mieux en mieux réalisée. Elle a conquis contre l'inquisition, dans la personne de ses penseurs, la liberté de conscience ; elle a conquis contre la féodalité et contre la *mainmorte,* dans la personne de ses paysans, le mariage et les liens de famille, le champ créé par le travail; elle veut conquérir contre l'influence et les séductions de la richesse, contre la part de lion du capital, dans la personne de tous les travailleurs, la liberté du pauvre, l'honneur de sa femme et la pudeur de ses filles, la propriété de ses bras et de son industrie.

Elle veut qu'il n'y ait plus entre les hommes d'autres distinctions réelles que celles nées du travail, de l'intelligence et de la moralité; que nul ne puisse fructifier la peine d'autrui, et que l'on ne voie plus le spectacle attristant de générations se succédant de père en fils dans un labeur misérable et stérile, à côté de races héritant, par un privilége perpétué sans fin, du droit de jouissance et de repos.

Telle est la pensée de ce pays et son inflexible résolution. Hommes d'État, à qui fut commis le soin de ses destinées, ne l'oubliez pas un seul instant. Votre éternel honneur en dépend et le bonheur de la patrie. Courageuse et éclairée, votre initiative peut fixer la révolution dans un ordre meilleur; aveugle et imprévoyante, elle nous exposerait à des naufrages dont aucun nautonier ne saurait conjurer les périls.

Paris, 9 mai 1850.

Paris. — Typ. de V^e DE SURCY et Cie, rue de Sèvres, 57.